Geschenkgutscheine ICH SCHENKE DIR ZEIT

Geburtstag Weihnachten Muttertag Hochzeitstag oder einfach nur so...

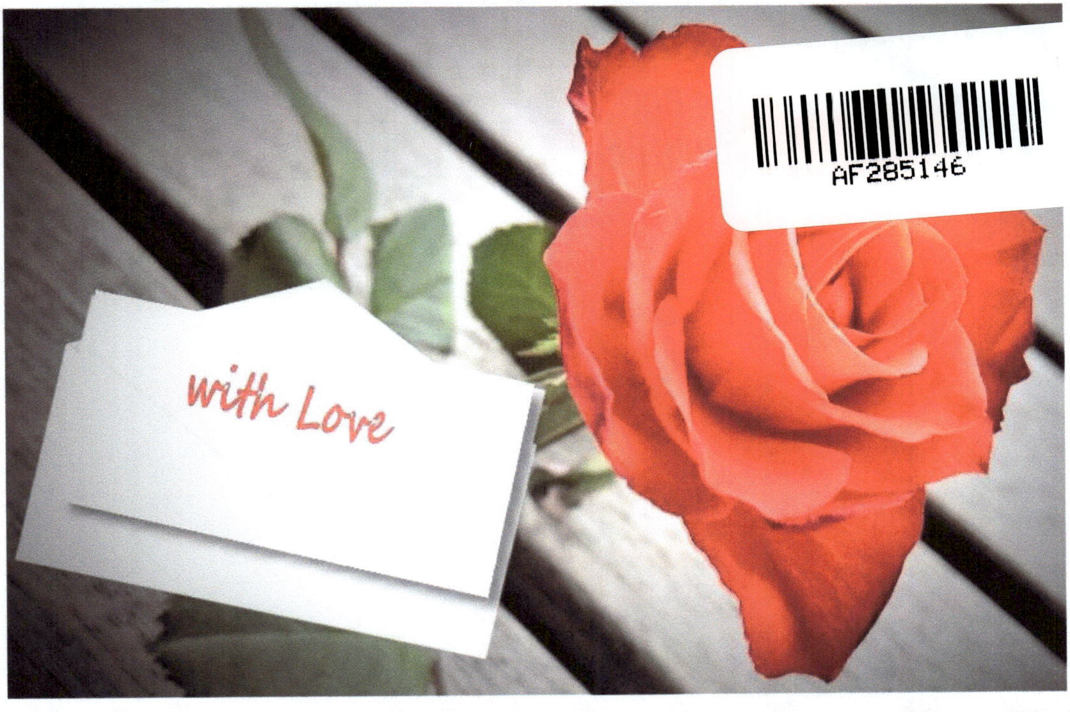

with Love

Sie haben gerade kein Geschenk zur Hand?

MIT DIESEN GUTSCHEINEN SCHENKEN SIE

DAS KOSTBARSTE IM LEBEN... ZEIT!

Bibliografische Information durch die Deutsche Nationalbibliothek
Die Deutsche Nationalbibliothek verzeichnet diese Publikation in der
Deutschen Nationalbibliografie; detaillierte bibliografische Daten
sind im Internet über http://dnb.dnb.de abrufbar.

Ich habe Zeit geschenkt:
an _Clara_
wann _Donnerstag_
wieviel _den ganzen Nachmittag_

Liebe/r _Clara_ !
Ich möchte Dir/Euch gern gemein
Zeit mit mir/uns schenken!
Sag'/sagt wann, es ist eine große Freu
für mich/uns!

Wann? _Vorschlag für Donnerstag_
an wen? _Clara_
von _Sven_
bis bald!

© **Renate & Uwe H. Sültz**
Herstellung und Verlag:
BoD – Books on Demand, Norderstedt
ISBN   9-78375-6-88685-2

Folge SÜLTZ BÜCHER auf
GOOGLE
Sültz Bücher

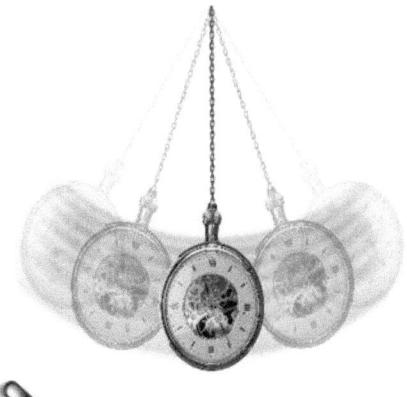

Ich habe Zeit geschenkt:

an _____

wann _____

wieviel _____

Liebe/r _____ !

Ich möchte Dir/Euch gern gemeinsame
Zeit mit mir/uns schenken!
Sag'/sagt wann, es ist eine große Freude
für mich/uns!

Wann? _____

an wen? _____

von _____

bis bald!

Heute möchte ich Dir Zeit schenken,
lass' uns gemeinsam etwas ausdenken.

Mit diesem Brief erhältst Du einen Gutschein.
Wann auch immer, lös' ihn bei mir ein.

Dann freue ich mich auf unsere gemeinsame Zeit,
ich bin immer Bereit!

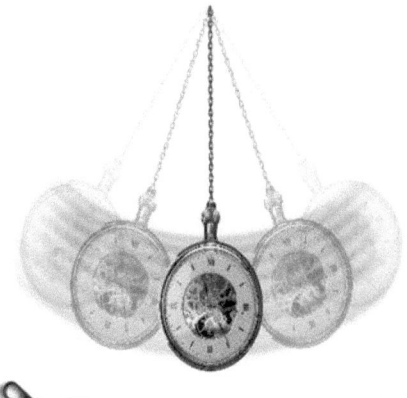

Ich habe Zeit geschenkt:

an _____

wann _____

wieviel _____

Liebe/r _____ !

Ich möchte Dir/Euch gern gemeinsame
Zeit mit mir/uns schenken!
Sag'/sagt wann, es ist eine große Freude
für mich/uns!

Wann? _____

an wen? _____

von _____

bis bald!

Heute möchte ich Dir Zeit schenken,
lass' uns gemeinsam etwas ausdenken.

Mit diesem Brief erhältst Du einen Gutschein.
Wann auch immer, lös' ihn bei mir ein.

Dann freue ich mich auf unsere gemeinsame Zeit,
ich bin immer Bereit!

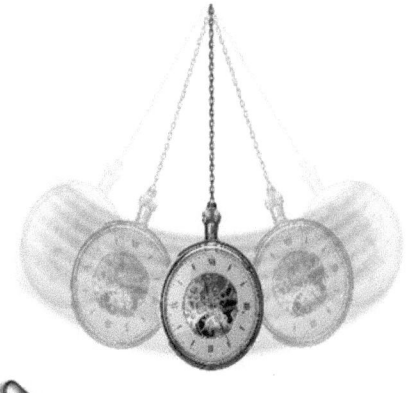

Ich habe Zeit geschenkt:
an _____
wann _____
wieviel _____

Liebe/r _____!
Ich möchte Dir/Euch gern gemeinsame
Zeit mit mir/uns schenken!
Sag'/sagt wann, es ist eine große Freude
für mich/uns!

Wann? _____
an wen? _____
von _____
                                bis bald!

Heute möchte ich Dir Zeit schenken,
lass' uns gemeinsam etwas ausdenken.

Mit diesem Brief erhältst Du einen Gutschein.
Wann auch immer, lös' ihn bei mir ein.

Dann freue ich mich auf unsere gemeinsame Zeit,
ich bin immer Bereit!

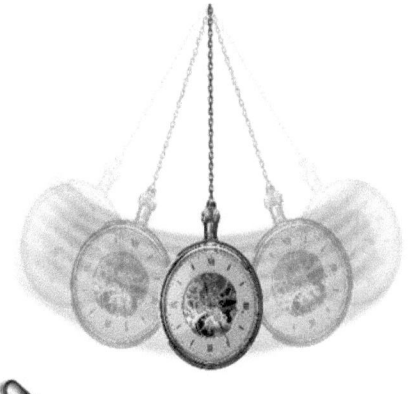

Ich habe Zeit geschenkt:
an _____
wann _____
wieviel _____

Liebe/r _____ !
Ich möchte Dir/Euch gern gemeinsame
Zeit mit mir/uns schenken!
Sag'/sagt wann, es ist eine große Freude
für mich/uns!

Wann? _____
an wen? _____
von _____

bis bald!

Heute möchte ich Dir Zeit schenken,
lass' uns gemeinsam etwas ausdenken.

Mit diesem Brief erhältst Du einen Gutschein.
Wann auch immer, lös' ihn bei mir ein.

Dann freue ich mich auf unsere gemeinsame Zeit,
ich bin immer Bereit!

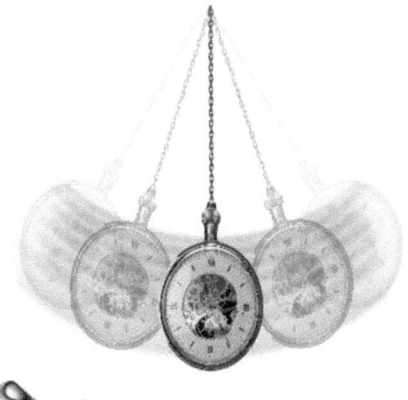

Ich habe Zeit geschenkt:

an _____

wann _____

wieviel _____

- -

Liebe/r _____ !

Ich möchte Dir/Euch gern gemeinsame
Zeit mit mir/uns schenken!
Sag'/sagt wann, es ist eine große Freude
für mich/uns!

Wann? _____

an wen? _____

von _____

bis bald!

Heute möchte ich Dir Zeit schenken,
lass' uns gemeinsam etwas ausdenken.

Mit diesem Brief erhältst Du einen Gutschein.
Wann auch immer, lös' ihn bei mir ein.

Dann freue ich mich auf unsere gemeinsame Zeit,
ich bin immer Bereit!

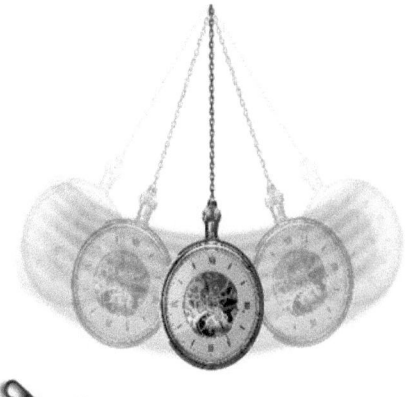

Ich habe Zeit geschenkt:

an _____

wann _____

wieviel _____

✂ ··

Liebe/r _____ !

Ich möchte Dir/Euch gern gemeinsame
Zeit mit mir/uns schenken!
Sag'/sagt wann, es ist eine große Freude
für mich/uns!

Wann? _____

an wen? _____

von _____

_____ bis bald!

Heute möchte ich Dir Zeit schenken,
lass' uns gemeinsam etwas ausdenken.

Mit diesem Brief erhältst Du einen Gutschein.
Wann auch immer, lös' ihn bei mir ein.

Dann freue ich mich auf unsere gemeinsame Zeit,
ich bin immer Bereit!

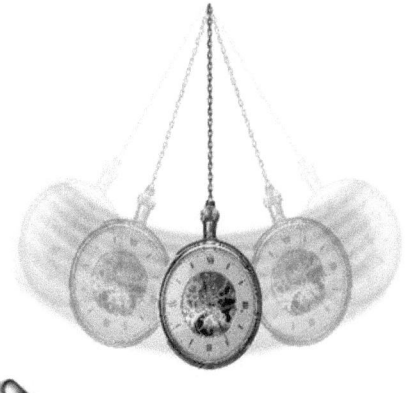

Ich habe Zeit geschenkt:
an _____
wann _____
wieviel _____

Liebe/r _____ !
Ich möchte Dir/Euch gern gemeinsame
Zeit mit mir/uns schenken!
Sag'/sagt wann, es ist eine große Freude
für mich/uns!

Wann? _____
an wen? _____
von _____
bis bald!

Heute möchte ich Dir Zeit schenken,
lass' uns gemeinsam etwas ausdenken.

Mit diesem Brief erhältst Du einen Gutschein.
Wann auch immer, lös' ihn bei mir ein.

Dann freue ich mich auf unsere gemeinsame Zeit,
ich bin immer Bereit!

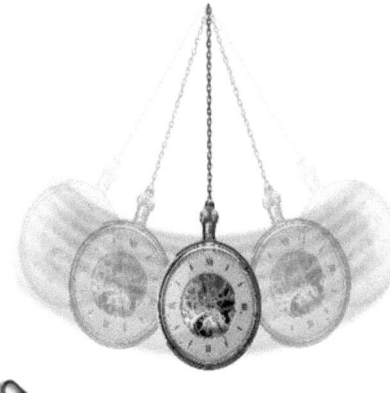

Ich habe Zeit geschenkt:

an _____

wann _____

wieviel _____

Frohe Weihnachten!

Liebe/r _____ ,
ich/wir schenke/n Dir/Euch heute
____ Stunden Zeit.
Ob wir einfach nur Chillen, Lesen,
Reden, oder ob wir gemeinsam
Einkaufen, den Rasen schneiden
oder irgendetwas, Hauptsache ist,
wir sind zusammen.

Frohe Weihnachten für Dich/Euch

_____

Heute möchte ich Dir Zeit schenken,
lass' uns gemeinsam etwas ausdenken.

Mit diesem Brief erhältst Du einen Gutschein.
Wann auch immer, lös' ihn bei mir ein.

Dann freue ich mich auf unsere gemeinsame Zeit,
ich bin immer Bereit!

Ich habe Zeit geschenkt:

an _____

wann _____

wieviel _____

Frohe Weihnachten!

Liebe/r _____ ,
ich/wir schenke/n Dir/Euch heute
_____ Stunden Zeit.
Ob wir einfach nur Chillen, Lesen,
Reden, oder ob wir gemeinsam
Einkaufen, den Rasen schneiden
oder irgendetwas, Hauptsache ist,
wir sind zusammen.

Frohe Weihnachten für Dich/Euch

_____

Heute möchte ich Dir Zeit schenken,
lass' uns gemeinsam etwas ausdenken.

Mit diesem Brief erhältst Du einen Gutschein.
Wann auch immer, lös' ihn bei mir ein.

Dann freue ich mich auf unsere gemeinsame Zeit,
ich bin immer Bereit!

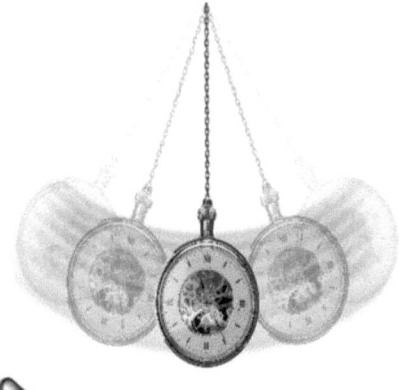

Ich habe Zeit geschenkt:

an _____

wann _____

wieviel _____

Frohe Weihnachten!

Liebe/r _____,

ich/wir schenke/n Dir/Euch heute

_____ Stunden Zeit.

Ob wir einfach nur Chillen, Lesen,

Reden, oder ob wir gemeinsam

Einkaufen, den Rasen schneiden

oder irgendetwas, Hauptsache ist,

wir sind zusammen.

Frohe Weihnachten für Dich/Euch

_____

Heute möchte ich Dir Zeit schenken,
lass' uns gemeinsam etwas ausdenken.

Mit diesem Brief erhältst Du einen Gutschein.
Wann auch immer, lös' ihn bei mir ein.

Dann freue ich mich auf unsere gemeinsame Zeit,
ich bin immer Bereit!

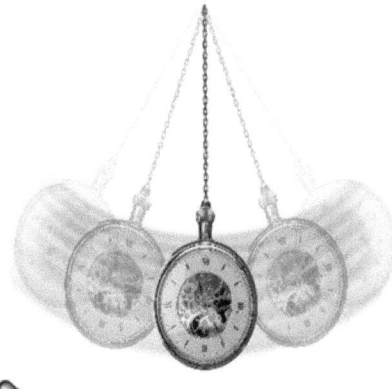

Ich habe Zeit geschenkt:

an _____

wann _____

wieviel _____

✂ ··

Frohe Weihnachten!

Liebe/r _____ ,

ich/wir schenke/n Dir/Euch heute

____ Stunden Zeit.

Ob wir einfach nur Chillen, Lesen,

Reden, oder ob wir gemeinsam

Einkaufen, den Rasen schneiden

oder irgendetwas, Hauptsache ist,

wir sind zusammen.

Frohe Weihnachten für Dich/Euch

_____

Heute möchte ich Dir Zeit schenken,
lass' uns gemeinsam etwas ausdenken.

Mit diesem Brief erhältst Du einen Gutschein.
Wann auch immer, lös' ihn bei mir ein.

Dann freue ich mich auf unsere gemeinsame Zeit,
ich bin immer Bereit!

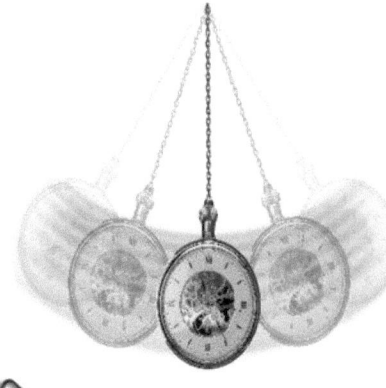

Ich habe Zeit geschenkt:

an _____

wann _____

wieviel _____

✂ ....

Frohe Weihnachten!

Liebe/r _____,

ich/wir schenke/n Dir/Euch heute

_____ Stunden Zeit.

Ob wir einfach nur Chillen, Lesen,
Reden, oder ob wir gemeinsam
Einkaufen, den Rasen schneiden
oder irgendetwas, Hauptsache ist,
wir sind zusammen.

Frohe Weihnachten für Dich/Euch

_____

Heute möchte ich Dir Zeit schenken,
lass' uns gemeinsam etwas ausdenken.

Mit diesem Brief erhältst Du einen Gutschein.
Wann auch immer, lös' ihn bei mir ein.

Dann freue ich mich auf unsere gemeinsame Zeit,
ich bin immer Bereit!

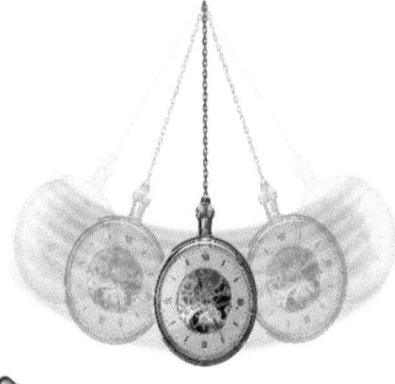

Ich habe Zeit geschenkt:

an _____

wann _____

wieviel _____

✂ ···

Frohe Weihnachten!

Liebe/r _____,
ich/wir schenke/n Dir/Euch heute
____ Stunden Zeit.
Ob wir einfach nur Chillen, Lesen,
Reden, oder ob wir gemeinsam
Einkaufen, den Rasen schneiden
oder irgendetwas, Hauptsache ist,
wir sind zusammen.

Frohe Weihnachten für Dich/Euch

_____

Heute möchte ich Dir Zeit schenken,
lass' uns gemeinsam etwas ausdenken.

Mit diesem Brief erhältst Du einen Gutschein.
Wann auch immer, lös' ihn bei mir ein.

Dann freue ich mich auf unsere gemeinsame Zeit,
ich bin immer Bereit!

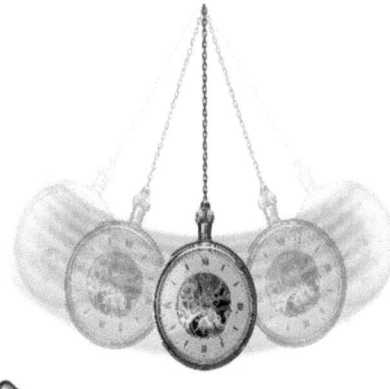

Ich habe Zeit geschenkt:

an _____

wann _____

wieviel _____

✂ ···

Frohe Weihnachten!

Liebe/r _____ ,

ich/wir schenke/n Dir/Euch heute

_____ Stunden Zeit.

Ob wir einfach nur Chillen, Lesen,
Reden, oder ob wir gemeinsam
Einkaufen, den Rasen schneiden
oder irgendetwas, Hauptsache ist,
wir sind zusammen.

Frohe Weihnachten für Dich/Euch

_____

Heute möchte ich Dir Zeit schenken,
lass' uns gemeinsam etwas ausdenken.

Mit diesem Brief erhältst Du einen Gutschein.
Wann auch immer, lös' ihn bei mir ein.

Dann freue ich mich auf unsere gemeinsame Zeit,
ich bin immer Bereit!

Ich habe Zeit geschenkt:

an _____

wann _____

wieviel _____

✂ ···

Liebe/lieber _____!
Herzlichen Glückwunsch
zum Geburtstag!
Als Geschenk erhälst Du
___ Stunden Zeit, was
auch immer wir dann
gemeinsam machen?
Sag' wann? _____
Alles Gute, viel Glück
und beste Gesundheit,

_____

Heute möchte ich Dir Zeit schenken,
lass' uns gemeinsam etwas ausdenken.

Mit diesem Brief erhältst Du einen Gutschein.
Wann auch immer, lös' ihn bei mir ein.

Dann freue ich mich auf unsere gemeinsame Zeit,
ich bin immer Bereit!

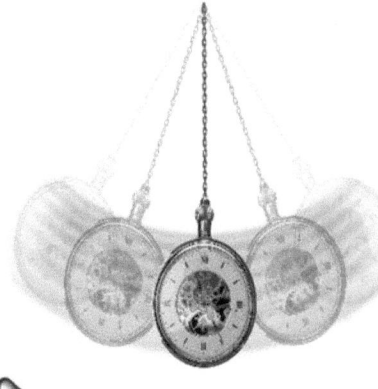

Ich habe Zeit geschenkt:

an _____

wann _____

wieviel _____

Liebe/lieber _____!
Herzlichen Glückwunsch
zum Geburtstag!
Als Geschenk erhälst Du
___ Stunden Zeit, was
auch immer wir dann
gemeinsam machen?
Sag' wann? _____
Alles Gute, viel Glück
und beste Gesundheit,

_____

Heute möchte ich Dir Zeit schenken,
lass' uns gemeinsam etwas ausdenken.

Mit diesem Brief erhältst Du einen Gutschein.
Wann auch immer, lös' ihn bei mir ein.

Dann freue ich mich auf unsere gemeinsame Zeit,
ich bin immer Bereit!

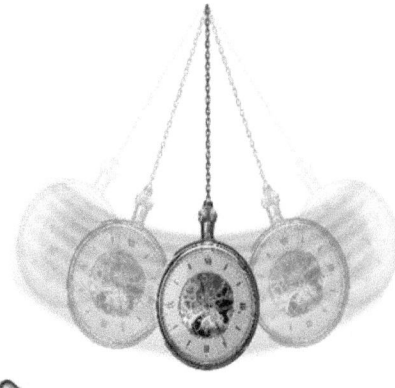

Ich habe Zeit geschenkt:

an _____

wann _____

wieviel _____

Liebe/lieber _____!
Herzlichen Glückwunsch
zum Geburtstag!
Als Geschenk erhälst Du
___ Stunden Zeit, was
auch immer wir dann
gemeinsam machen?
Sag' wann? _____
Alles Gute, viel Glück
und beste Gesundheit,

_____

Heute möchte ich Dir Zeit schenken,
lass' uns gemeinsam etwas ausdenken.

Mit diesem Brief erhältst Du einen Gutschein.
Wann auch immer, lös' ihn bei mir ein.

Dann freue ich mich auf unsere gemeinsame Zeit,
ich bin immer Bereit!

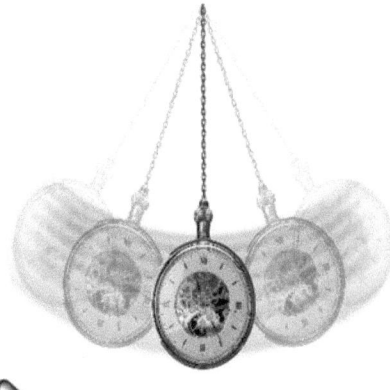

Ich habe Zeit geschenkt:

an _____

wann _____

wieviel _____

✂ ·

Liebe/lieber _____ !
Herzlichen Glückwunsch
zum Geburtstag!
Als Geschenk erhälst Du
___ Stunden Zeit, was
auch immer wir dann
gemeinsam machen?
Sag' wann? _____
Alles Gute, viel Glück
und beste Gesundheit,

_____

Heute möchte ich Dir Zeit schenken,
lass' uns gemeinsam etwas ausdenken.

Mit diesem Brief erhältst Du einen Gutschein.
Wann auch immer, lös' ihn bei mir ein.

Dann freue ich mich auf unsere gemeinsame Zeit,
ich bin immer Bereit!

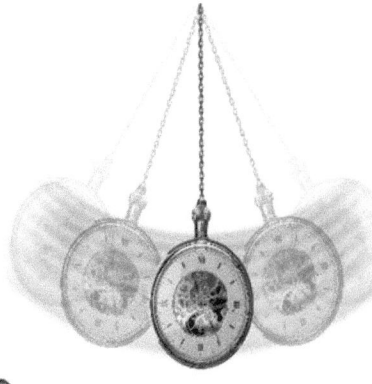

Ich habe Zeit geschenkt:

an _____

wann _____

wieviel _____

✂ ···

Liebe/lieber _____!
Herzlichen Glückwunsch
zum Geburtstag!
Als Geschenk erhälst Du
___ Stunden Zeit, was
auch immer wir dann
gemeinsam machen?
Sag' wann? _____
Alles Gute, viel Glück
und beste Gesundheit,

_____

Heute möchte ich Dir Zeit schenken,
lass' uns gemeinsam etwas ausdenken.

Mit diesem Brief erhältst Du einen Gutschein.
Wann auch immer, lös' ihn bei mir ein.

Dann freue ich mich auf unsere gemeinsame Zeit,
ich bin immer Bereit!

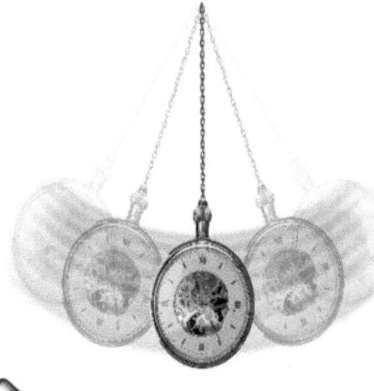

Ich habe Zeit geschenkt:

an _____

wann _____

wieviel _____

✂ ....

Liebe/lieber _____!

Herzlichen Glückwunsch
zum Geburtstag!
Als Geschenk erhälst Du
___ Stunden Zeit, was
auch immer wir dann
gemeinsam machen?
Sag' wann? _____
Alles Gute, viel Glück
und beste Gesundheit,

_____

Heute möchte ich Dir Zeit schenken,
lass' uns gemeinsam etwas ausdenken.

Mit diesem Brief erhältst Du einen Gutschein.
Wann auch immer, lös' ihn bei mir ein.

Dann freue ich mich auf unsere gemeinsame Zeit,
ich bin immer Bereit!

Ich habe Zeit geschenkt:

an _____

wann _____

wieviel _____

✂ ....

Liebe/lieber _____!
Herzlichen Glückwunsch
zum Geburtstag!
Als Geschenk erhälst Du
___ Stunden Zeit, was
auch immer wir dann
gemeinsam machen?
Sag' wann? _____
Alles Gute, viel Glück
und beste Gesundheit,

_____

Heute möchte ich Dir Zeit schenken,
lass' uns gemeinsam etwas ausdenken.

Mit diesem Brief erhältst Du einen Gutschein.
Wann auch immer, lös' ihn bei mir ein.

Dann freue ich mich auf unsere gemeinsame Zeit,
ich bin immer Bereit!

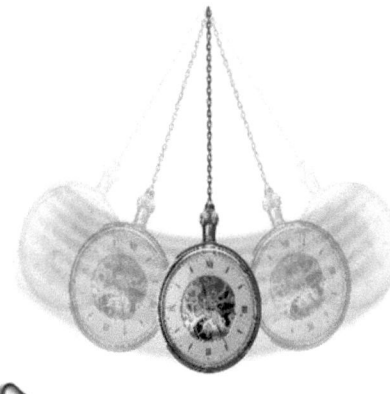

Ich habe Zeit geschenkt:
an _____
wann _____
wieviel _____

✂ ··

Alles Liebe zum Hochzeitstag! Ich möchte mal wieder mit Dir

Sag' wann, ich freue mich auf unsere gemeinsame Zeit, Dein/e

Heute möchte ich Dir Zeit schenken,
lass' uns gemeinsam etwas ausdenken.

Mit diesem Brief erhältst Du einen Gutschein.
Wann auch immer, lös' ihn bei mir ein.

Dann freue ich mich auf unsere gemeinsame Zeit,
ich bin immer Bereit!

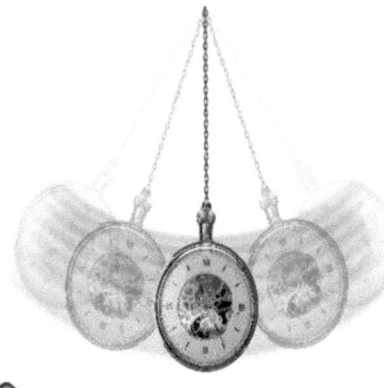

Ich habe Zeit geschenkt:

an _____

wann _____

wieviel _____

✂ ···

Alles Liebe zum Hochzeitstag! Ich möchte mal wieder mit Dir

_____ .

Sag' wann, ich freue mich auf unsere gemeinsame Zeit, Dein/e

_____

Heute möchte ich Dir Zeit schenken,
lass' uns gemeinsam etwas ausdenken.

Mit diesem Brief erhältst Du einen Gutschein.
Wann auch immer, lös' ihn bei mir ein.

Dann freue ich mich auf unsere gemeinsame Zeit,
ich bin immer Bereit!

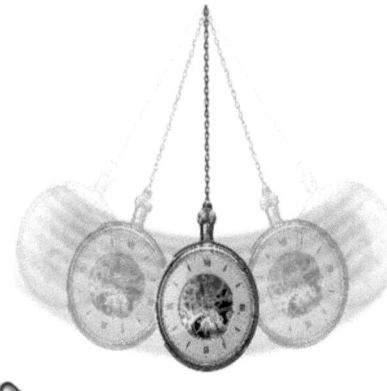

Ich habe Zeit geschenkt:

an _____

wann _____

wieviel _____

✂ ··

Alles Liebe zum Hochzeitstag! Ich möchte mal wieder mit Dir

.

Sag' wann, ich freue mich auf unsere gemeinsame Zeit, Dein/e

Heute möchte ich Dir Zeit schenken,
lass' uns gemeinsam etwas ausdenken.

Mit diesem Brief erhältst Du einen Gutschein.
Wann auch immer, lös' ihn bei mir ein.

Dann freue ich mich auf unsere gemeinsame Zeit,
ich bin immer Bereit!

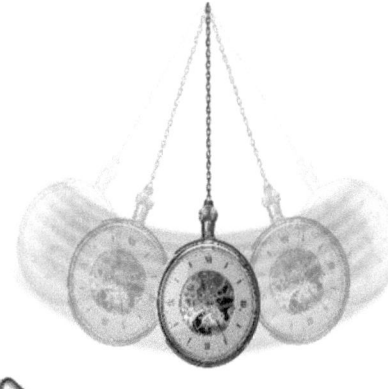

Ich habe Zeit geschenkt:

an _____

wann _____

wieviel _____

Liebe Mutter,

alles Gute zum Muttertag!
Ich möchte gern Zeit mit Dir
verbringen, egal wohin,
sag' wann, ich freue mich,

Dein/e _____

Heute möchte ich Dir Zeit schenken,
lass' uns gemeinsam etwas ausdenken.

Mit diesem Brief erhältst Du einen Gutschein.
Wann auch immer, lös' ihn bei mir ein.

Dann freue ich mich auf unsere gemeinsame Zeit,
ich bin immer Bereit!

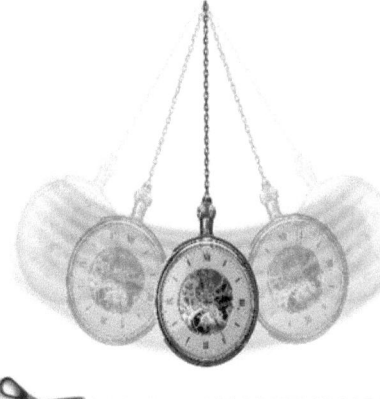

Ich habe Zeit geschenkt:

an _____

wann _____

wieviel _____

✂ ....

Liebe Mutter,

alles Gute zum Muttertag!

Ich möchte gern Zeit mit Dir

verbringen, egal wofür,

sag' wann, ich freue mich,

Dein/e _____

Heute möchte ich Dir Zeit schenken,
lass' uns gemeinsam etwas ausdenken.

Mit diesem Brief erhältst Du einen Gutschein.
Wann auch immer, lös' ihn bei mir ein.

Dann freue ich mich auf unsere gemeinsame Zeit,
ich bin immer Bereit!